RAPPORT

DE MM. GALLOIS ET GENSONNÉ,

COMMISSAIRES CIVILS,

ENVOYÉS DANS LES DÉPARTEMENTS DE LA VENDÉE ET DES DEUX SEVRES.

En vertu des décrets de l'Assemblée Nationale des 16 Juillet & 8 Août 1791.

FAIT

A L'ASSEMBLÉE NATIONALE,

Le 9 octobre 1791,

Et imprimé par son ordre.

MESSIEURS,

L'Assemblée Nationale a décrété, le 16 juillet dernier, sur le rapport de son comité des recherches, que des Commissaires Civils seroient envoyés dans le département de la Vendée, pour y prendre tous les éclaircissemens qu'ils pourroient se procurer sur les causes des derniers troubles de ce pays, & concourir, avec les corps administratifs, au rétablissement de la tranquillité publique.

Le 23 juillet, nous avons été chargés de cette mission, & nous sommes partis deux jours après pour nous rendre à Fontenai-le-Comte, chef-lieu de ce département.

Après avoir conféré pendant quelques jours avec les administrateurs du directoire, sur la situation des choses & la disposition des esprits; après avoir arrêté, avec les trois corps administratifs, quelques mesures préliminaires pour le maintien de l'ordre public, nous nous sommes déterminés à nous transporter dans les différens districts qui composent ce département, afin d'examiner ce qu'il y avoit de vrai ou de faux, de réel ou d'exagéré dans les plaintes qui nous étoient déja parvenues; afin de constater, en un mot, avec le plus d'exactitude possible, la situation de ce département.

Nous l'avons parcouru presque dans toute son étendue, tantôt pour y prendre les renseignemens qui nous étoient nécessaires, tantôt pour y maintenir la paix, prévenir les troubles publics, ou empêcher les violences dont quelques citoyens se croyoient menacés.

Nous avons entendu, dans plusieurs directoires de districts, toutes les municipalités dont chacun d'eux est composé. Nous avons écouté avec la plus grande attention tous les citoyens qui avoient, soit des faits à nous communiquer, soit des vues à nous proposer. Nous avons recueilli avec soin, & en les comparant, tous les détails qui sont parvenus à notre connoissance. Mais, comme nos informations ont été plus nombreuses que variées; comme par-tout les faits, les plaintes, les observations ont été semblables, nous allons vous présenter sous un point-de-vue général, & d'une manière abrégée mais exacte, le résultat de cette foule de faits particuliers.

Nous croyons inutile de mettre sous vos yeux les détails que nous nous étions procurés concernant des troubles antérieurs : ils ne nous ont pas paru avoir une influence bien directe sur la situation actuelle de ce département. D'ailleurs, la loi de l'amnistie ayant arrêté les progrès des différentes procédures auxquelles ces troubles avoient donné lieu, nous ne pourrions vous présenter sur ces objets, que des conjectures vagues, & des résultats incertains.

L'époque de la prestation du serment ecclésiastique a été, pour le département de la Vendée, la première époque de ses troubles. Jusqu'alors le peuple y avoit joui de la plus grande tranquillité. Eloigné du centre commun de toutes les actions & de toutes les résistances, disposé par son caractère naturel à l'amour de la paix, au sentiment de l'ordre, au respect de la loi, il recueilloit les bienfaits de la révolution, sans en éprouver les orages.

Dans les campagnes, la difficulté des communications, la simplicité d'une vie purement agricole, les leçons de l'enfance, & des emblêmes religieux, destinés à fixer sans cesse ses regards, ont ouvert son ame à une foule d'impressions superstitieuses, que, dans l'état actuel des choses, nulle espèce de lumières ne peut ni détruire ni modérer.

Sa religion, c'est-à-dire, la religion telle qu'il la conçoit, est devenue pour lui la plus forte, &, pour ainsi dire, l'unique habitude morale de sa vie. L'objet le plus essentiel qu'elle lui présente est le culte des images ; & le ministre de ce culte, celui que les habitans des campagnes regardent comme le dispensateur des graces célestes ; qui peut, par la ferveur de ses prières, adoucir l'intempérie des saisons, & qui dispose du bonheur d'une vie future, a bientôt réuni en sa faveur les plus douces comme les plus vives affections de leur ame.

La constance du peuple de ce département dans l'espèce de ses affections religieuses, & la confiance illimitée dont y, jouissent les prêtres, auxquels il est habitué, sont un des principaux éléments des troubles qui l'ont agité & qui peuvent l'agiter encore.

Il est aisé de concevoir avec quelle activité des prêtres ou égarés ou factieux ont pu mettre à profit ces dispositions du peuple à leur égard. On n'a rien négligé pour échauffer le zèle, alarmer les consciences, fortifier les caractères foibles, soutenir les caractères décidés. On a donné aux uns des inquiétudes & des remords; on a donné aux autres des espérances de bonheur & de salut; on a essayé sur presque tous, avec succès, l'influence de la séduction & de la crainte.

Plusieurs d'entre ces ecclésiastiques sont de bonne foi: ils paroissent fortement pénétrés & des idées qu'ils répandent & des sentimens qu'ils inspirent; d'autres sont accusés de couvrir du voile de la religion des intérêts plus chers à leur cœur: ceux-ci ont une activité politique qui s'accroît ou se modère selon les circonstances.

Une coalition puissante s'est formée entre l'ancien évêque de Luçon & une partie de l'ancien clergé de son diocèse. On a arrêté un plan d'opposition à l'exécution des décrets, qui devoit se réaliser dans toutes les paroisses. Des mandemens, des écrits incendiaires envoyés de Paris, ont été adressés à tous les curés, pour les fortifier dans leur résolution, ou les engager dans une confédération qu'on supposoit générale. Une lettre circulaire de M. Beauregard, grand-vicaire de M. de Merci, ci-devant évêque de Luçon, déposée au greffe du tribunal de Fontenai, & que cet ecclésiastique a reconnue lors de son interrogatoire, fixera votre opinion, Messieurs, d'une manière exacte & sur le secret de cette coalition & sur la marche très-habilement combinée de ceux qui l'ont formée.

La voici:

LETTRE, *datée de Luçon, du 30 mai 1791, sous enveloppe, à l'adresse du curé de la Reorthe.*

« Un décret de l'Assemblée Nationale, Monsieur, en date du 7 mai, accorde aux ecclésiastiques qu'elle a prétendu destituer pour refus du serment, l'usage des églises paroissiales pour y dire la messe seulement; le même décret autorise les catholiques romains, ainsi que tous les non-conformistes, à s'assembler, pour l'exercice de leur culte religieux, dans le lieu qu'ils auront choisi à cet effet, à la charge que, dans les instructions publiques, il ne sera rien dit contre la constitution civile du clergé.

» La liberté accordée aux pasteurs légitimes par le premier article de ce décret, doit être regardée comme un piège, d'autant plus dangereux, que les fidèles ne trouveroient dans les églises dont les intrus se sont emparés, d'autres instructions que celles de leurs faux pasteurs; qu'ils ne pourroient y recevoir les sacremens que de leurs mains, & qu'ainsi ils auroient avec ces pasteurs schismatiques une communication que les lois de l'église interdisent. Pour éviter un aussi grand mal, Messieurs, les curés sentiront la nécessité de s'assurer au plus tôt d'un lieu où ils puissent, en vertu du second article de ce décret, exercer leurs fonctions, & réunir leurs fidèles paroissiens, dès que leur prétendu successeur se sera emparé de leur église: sans cette précaution, les catholiques, dans la crainte d'être privés de la messe & des offices divins, appelés par la voix des faux pasteurs, seroient bientôt engagés à communiquer avec eux, & exposés aux risques d'une séduction presqu'inévitable.

» Dans les paroisses où il y a peu de propriétaires aisés, il sera sans doute difficile de trouver un local convenable, de se procurer des vases sacrés & des ornemens: alors une simple grange, un autel portatif, une chasuble d'indienne ou de quelqu'autre étoffe commune, des vases d'étain suffiront, dans ce cas de nécessité, pour célébrer les saints mystères & l'office divin.

» Cette simplicité, cette pauvreté, en nous rappelant les premiers siècles de l'église & le berceau de notre sainte religion, peut être un puissant moyen pour exciter le zèle des ministres & la ferveur des fidèles. Les premiers chrétiens n'avoient d'autres temples que leurs maisons. C'est là que se réunissoient les pasteurs & le troupeau pour y célébrer les saints mystères, entendre la parole de Dieu, & chanter les louanges du Seigneur. Dans les persécutions dont l'église fut affligée, forcés d'abandonner leur basiliques, on en vit se retirer dans les cavernes, & jusque dans les tombeaux, & ces tems d'épreuve furent, pour les vrais fidèles, l'époque de la plus grande ferveur. Il est bien peu de paroisses où Messieurs les curés ne puissent se procurer un local & des ornemens tels que je viens de les dépeindre; &, en attendant qu'ils se soient pourvus des choses nécessaires, ceux de leurs voisins qui ne seront pas déplacés pourront les aider de ce qui sera dans leur église à leur disposition. Nous pourrons incessamment fournir des pierres sacrées à ceux qui en auront besoin, &, dès-à-présent, nous pouvons faire consacrer les calices ou les vases qui en tiendront lieu.

» M. l'évêque de Luçon, dans des avis particuliers qu'il nous a transmis, pour servir de supplément à l'instruction de M. l'évêque de Langres, & qui seront également communiqués dans les différens diocèses, propose à Messieurs les curés,

» 1° De tenir un double regitre où seront inscrits les actes de baptêmes, mariages & sépultures des catholiques de leurs paroisses. Un de ces registres restera entre leurs mains, l'autre sera par eux déposé tous les ans entre les mains d'une personne de confiance.

» 2° Indépendamment de ce registre, Messieurs les curés en tiendront un autre aussi double, où seront inscrits les actes des dispenses concernant les mariages, qu'ils auront accordées, en vertu des pouvoirs qui leur sont donnés par l'article XVIII de l'instruction. Ces actes seront signés de deux témoins sûrs & fidèles; &, pour leur donner plus d'authenticité, les registres destinés à les inscrire seront approuvés, cotés & paraphés par M. l'évêque, ou, en son absence, par un de ses vicaires-généraux. Un double de ce registre sera remis, comme il est dit ci-dessus, à une personne de confiance.

» 3° Messieurs les curés attendront, s'il est possible, pour se retirer de leur église & de leur presbytère, que leur prétendu successeur leur ait notifié l'acte de sa nomination & institution, & qu'ils protestent contre tout ce qui seroit fait en conséquence.

» 4° Ils dresseront en secret un procès-verbal de l'intrusion du prétendu curé, & de l'invasion par lui faite de l'église paroissiale & du presbytère. Dans ce procès-verbal, dont je joins ici un modèle, ils protesteront formellement contre tous les actes de la jurisdiction qu'il voudroit exercer comme curé de la paroisse; &, pour donner à cet acte toute l'authenticité possible, il sera signé par le curé, son vicaire, s'il en a un, & un prêtre voisin, & même par deux des trois laïques pieux & discrets, en prenant néanmoins toutes les précautions pour ne pas compromettre le secret.

» 5° Ceux de Messieurs les curés dont les paroisses seroient déclarés supprimées sans l'intervention de l'évêque légitime, useront des mêmes moyens. Ils se regarderont toujours comme seuls légitimes pasteurs de leurs paroisses; &, s'il leur étoit absolument impossible d'y demeurer, ils tâcheront de se procurer un logement dans le voisinage, & à portée de pourvoir aux besoins spirituels de leurs paroissiens; & ils auront grand soin de les prévenir & de les instruire de leurs devoirs à cet égard.

» 6° Si la puissance civile s'oppose à ce que les fidèles catholiques aient un cimetière commun, ou si les parens des défunts montrent une trop grande répugnance à ce qu'ils ſoient enterrés dans un lieu particulier, quoique béni ſpécialement, comme il eſt dit article XIX de l'inſtruction, après que le paſteur légitime ou l'un de ſes repréſentans aura fait à la maiſon les prières preſcrites par le rituel, & aura dreſſé l'acte mortuaire, qui ſera ſigné par les parens, on pourra porter le corps du défunt à la porte de l'égliſe, & les parens pourront l'accompagner; mais ils ſeront avertis de ſe retirer au moment où le curé & les vicaires intrus viendroient faire la levée du corps, pour ne pas participer aux cérémonies & prières de ces prêtres ſchiſmatiques.

» 7° Dans les actes, lorſque l'on conteſtera aux curés remplacés leur titre de curé, ils ſigneront ces actes de leurs noms de baptême & de famille, ſans prendre aucune qualité.

» Je vous prie, Monſieur, & ceux de Meſſieurs vos confrères à qui vous croirez devoir communiquer ma lettre, de vouloir bien nous informer du moment de votre remplacement, s'il a lieu, de l'inſtallation de votre prétendu ſucceſſeur, & de ſes circonſtances les plus remarquables, des diſpoſitions de vos paroiſſiens à cet égard, des moyens que vous croirez devoir prendre pour le ſervice de votre paroiſſe, & de votre demeure, ſi vous êtes abſolument forcé d'en ſortir. Vous ne doutez ſûrement pas que tous ces détails ne nous intéreſſent bien vivement. Vos peines ſont les nôtres, & notre vœu le plus ardent ſeroit de pouvoir, en les partageant, en adoucir l'amertume.

» J'ai l'honneur d'être avec un reſpectueux & inviolable attachement, votre très-humble & très-obéiſſant ſerviteur ».

Ces manœuvres ont été puiſſament ſecondées par des miſſionnaires établis dans le bourg de S.-Laurent, diſtrict de Montaigu. C'eſt même à l'activité de leur zèle, à leurs ſourdes menées, à leurs infatigables & ſecrètes prédications, que nous croyons devoir principalement attribuer la diſpoſition d'une très-grande partie du peuple dans la

preſque

presque totalité du département de la Vendée, & dans le district de Chatillon, département des deux Sèvres. Il importe essentiellement de fixer l'attention de l'Assemblée Nationale sur la conduite de ces missionnaires & l'esprit de leur institution.

Cet établissement fut fondé, il y a environ soixante ans, pour une société de prêtres séculiers, vivant d'aumônes, & destinés, en qualité de missionnaires, à la prédication. Ces missionnaires, qui ont acquis la confiance du peuple en lui distribuant avec art des chapelets, des médailles & des indulgences, & en plaçant sur les chemins de toute cette partie de la France, des *calvaires* de toutes les formes; ces missionnaires sont devenus depuis assez nombreux pour former de nouveaux établissemens dans d'autres parties du royaume. On les trouve dans les ci-devant provinces de Poitou, d'Anjou, de Bretagne & d'Aunis, voués avec la même activité, au succès, & en quelque sorte, à l'éternelle durée de cette espèce de pratiques religieuses, devenue, par leurs soins assidus, l'unique religion du peuple. Le bourg de S.-Laurent est leur chef-lieu : ils y ont bâti récemment une vaste & belle maison conventuelle, & y ont acquis, dit-on, d'autres propriétés territoriales.

Cette congrégation est liée, par la nature & l'esprit de son institution, à un établissement de sœurs grises, fondé dans le même lieu, & connu sous le nom de *Filles de la Sagesse*. Consacrées dans ce département & dans plusieurs autres au service des pauvres, & particulièrement des hôpitaux, elles sont pour ces missionnaires un moyen très-actif de correspondance générale dans le royaume. La maison de S.-Laurent est devenue le lieu de leur retraite, lorsque la ferveur intolérante de leur zèle, ou d'autres circonstances ont forcé les administrateurs des hôpitaux qu'elles desservoient, à se passer de leurs secours.

Pour determiner votre opinion sur la conduite de ces ardens missionnaires, & sur la morale religieuse qu'ils professent, il suffira, Messieurs, de vous présenter un abregé ſommaire des maximes contenues dans différens manuſcrits ſaiſis chez eux par les gardes nationales d'Angers & de Cholet.

Ces manuſcrits, rédigés en forme d'inſtruction pour le peuple des campagnes, établiſſent en thèſe, qu'on ne peut s'adreſſer aux prêtres conſtitutionnels, qualifiés d'intrus, pour l'adminiſtration des ſacremens; que tous ceux qui y participent, même par leur ſeule préſence, ſont coupables de péché mortel, & qu'il n'y a que l'ignorance & le défaut d'eſprit qui puiſſent les excuſer;

Que ceux qui auront l'audace de ſe faire marier par les intrus ne ſeront pas mariés, & qu'ils attireront la malédiction divine ſur eux & ſur leurs enfans;

Que les choſes s'arrangeront de manière que la validité des mariages faits par les anciens curés ne ſera pas conteſtée; mais qu'en attendant, il faut ſe réſoudre à tout; que ſi les enfans ne paſſent point pour légitimes, ils le ſeront néanmoins; qu'au contraire, les enfans de ceux qui auront été mariés devant les intrus ſeront vraiment *bâtards*, parce que Dieu n'aura point ratifié leur union, & qu'il vaut mieux qu'un mariage ſoit nul devant les hommes, que s'il l'étoit devant Dieu;

Qu'il ne faut point s'adreſſer aux nouveaux curés pour les enterremens, & que, ſi l'ancien curé ne peut pas les faire ſans expoſer ſa vie & ſaliberté, il faut que les parens ou amis du défunt les faſſent eux-mêmes ſecrètement.

On y obſerve que l'ancien curé aura ſoin de tenir un regiſtre exact pour y enregiſtrer ces différens actes; qu'à la vérité il eſt poſſible que les tribunaux civils n'y aient aucun égard, mais que c'eſt un malheur auquel il faut ſe réſoudre; que l'enregiſtrement civil eſt un avantage précieux, dont il faudra cependant ſe paſſer, parce qu'il vaut mieux en être privé que d'apoſtaſier, en s'adreſſant à un intrus.

Enfin on y exhorte tous les fidèles à n'avoir aucune communication avec l'intrus, aucune part à ſon inſtruſion. On y déclare que les officiers municipaux qui l'inſtalleront seront apostats comme lui, & qu'à l'instant même les sacristains, chantres & sonneurs de cloche doivent abdiquer leurs emplois.

Telle est, Messieurs, la doctrine absurde & séditieuse que renferment ces manuscrits, & dont la voix publique accuse les missionnaires de St.-Laurent de s'être rendus les plus ardens propagateurs.

Ils furent dénoncés dans le temps au comité des recherches de l'Assemblée Nationale, & le silence qu'on a gardé à leur égard, n'a fait qu'ajouter à l'activité de leurs efforts, & augmenter leur funeste influence.

Nous avons cru indispensable de mettre sous vos yeux l'analyse abrégée des principes contenus dans ces écrits, telle qu'elle est exposée dans un arrêté du département de Maine & Loire, du 5 juin 1791 (1), parce qu'il suffit de les comparer avec la lettre circulaire du grand-vicaire du ci-devant évêque de Luçon, pour se convaincre qu'ils tiennent à un système d'opposition générale contre les décrets sur l'organisation civile du clergé ; & l'état actuel de la majorité des paroisses de ce département ne présente que le développement de ce système, & les principes de cette doctrine mis presque par-tout en action.

Le remplacement trop tardif des curés a beaucoup contribué au succès de cette coalition. Ce retard a été nécessité d'abord par le refus de M. Servan, qui, après avoir été nommé à l'évêché du département, & avoir accepté cette place, a déclaré le 10 Avril qu'il retiroit son acceptation. M. Rodrigue, évêque actuel du département, que sa modération & sa fermeté soutiennent presque seules sur un siége environné d'orages & d'inquiétudes, M. Rodrigue n'a pu être nommé que dans les

(1) Extrait du registre des arrêtés du directoire du département de Maine & Loire, séant à Angers, in-4°. de 10 pag. A Angers, chez Mame, imprimeur du département.

A 6

premiers jours du mois de Mai. A cette époque les actes de résistance avoient été calculés & déterminés sur un plan uniforme. L'opposition étoit ouverte & en pleine activité. Les grands-vicaires & les curés s'étoient rapprochés & se tenoient fortement unis par le même lien. Les jalousies, les rivalités, les querelles de l'ancienne hiérarchie ecclésiastique, avoient eu le temps de disparoître, & tous les intérêts étoient venus se réunir dans un intérêt commun.

" Le remplacement n'a pu s'effectuer qu'en partie. La très-grande majorité des anciens fonctionnaires publics ecclésiastiques existe encore dans les paroisses, revêtue de ses anciennes fonctions. Les dernières nominations n'ont eu presque aucun succès, & les sujets nouvellement élus, effrayés par la perspective des contradictions & des désagrémens sans nombre que leur nomination leur prépare, n'y répondent que par des refus.

Cette division des prêtres en assermentés & non assermentés, a établi une véritable scission dans le peuple de leurs paroisses. Les familles y sont divisées. On a vu, & l'on voit, chaque jour, des femmes se séparer de leurs maris, des enfans abandonner leurs pères. L'état des citoyens n'est, le plus souvent, constaté que sur des feuilles volantes; & le particulier qui les reçoit, n'étant revêtu d'aucun caractère public, ne peut donner à ce genre de preuve une authenticité légale.

" Les Municipalités se sont désorganisées, & un grand nombre d'entr'elles, pour ne pas concourir au déplacement des curés non assermentés.

Une grande partie des citoyens a renoncé au service de la garde nationale; & celle qui reste, ne pourroit être employée sans danger, dans tous les mouvemens qui auroient pour principe ou pour objet des actes concernant la religion, parce que le peuple verroit alors dans les gardes nationales, non les instrumens impassibles de la loi, mais les agens d'un parti contraire au sien.

Dans plusieurs parties du département, un administrateur, un juge, un membre du corps électoral, sont vus avec aversion par le peuple, parce qu'ils concourent à l'exécution de la loi relative aux fonctionnaires ecclésiastiques.

Cette disposition des esprits est d'autant plus déplorable, que les moyens d'instruction deviennent chaque jour plus difficiles. Le peuple, qui confond les loix générales de l'Etat avec les réglemens particuliers pour l'organisation civile du clergé, en fuit la lecture, & en rend la publication inutile.

Les mécontens, les hommes qui n'aiment pas le nouveau régime, & ceux qui dans le nouveau régime n'aiment pas les loix relatives au clergé, entretiennent avec soin cette aversion du peuple, fortifient par tous les moyens qui sont en leur pouvoir le crédit des prêtres non assermentés, & affoiblissent le crédit des autres. L'indigent n'obtient des secours, l'artisan ne peut espérer l'emploi de ses talens & de son industrie, qu'autant qu'il s'engage à ne pas aller à la messe du prêtre assermenté ; & c'est par ce concours de confiance dans les anciens prêtres d'une part, & de menaces & de séduction de l'autre, qu'en ce moment les églises desservies par les prêtres assermentés sont désertes, & qu'on court en foule dans celles où, par défaut de sujets, les remplacemens n'ont pu encore s'effectuer.

Rien n'est plus commun que de voir dans des paroisses de 5 à 600 personnes 10 ou 12 seulement aller à la messe du prêtre assermenté. La proportion est la même dans tous les lieux du département. Les jours de dimanches & de fêtes, on voit des villages & des bourgs tout entiers dont les habitans désertent leurs foyers pour aller à une & quelquefois deux lieues entendre la messe d'un prêtre non assermenté. Ces déplacemens habituels nous ont paru la cause la plus puissante de la fermentation, tantôt sourde, tantôt ouverte, qui existe dans la presque totalité des paroisses desservies par les prêtres assermentés. On conçoit aisément qu'une multitude d'individus qui se croient obligés, par leur conscience, d'aller au loin chercher les secours spirituels qui leur conviennent, doivent voir avec aversion, lorsqu'ils rentrent chez eux, excédés de fatigues, les cinq ou six personnes qui trouvent à leur portée le prêtre de leur choix. Ils considèrent avec envie, & traitent avec dureté, souvent même avec violence, des hommes qui leur paroissent avoir un privilège exclusif en matière de religion. La comparaison qu'ils font entre la facilité qu'ils avoient autrefois de trouver à côté d'eux des prêtres qui avoient leur confiance, & l'embarras, la fatigue & la perte de temps qu'occasionnent ces courses répétées, diminue beaucoup leur attachement pour la constitution à qui ils attribuent tous ces désagrémens de leur situation nouvelle.

C'est à cette cause générale, plus active peut-être en ce moment que la provocation secrète des prêtres non assermentés, que nous croyons devoir attribuer sur-tout l'état de discorde intérieure où nous avons trouvé la plus grande partie des paroisses du département desservies par les prêtres assermentés.

Plusieurs d'entr'elles nous ont présenté, ainsi qu'aux corps administratifs, des pétitions tendantes à être autorisées à louer des édifices particuliers pour l'usage de leur culte religieux; mais comme ces pétitions que nous savions être provoquées avec le plus d'activité par les personnes qui ne les signoient pas, nous paroissoient tenir à un systême plus général & plus secret, nous n'avons pas cru devoir statuer sur une séparation religieuse que nous croyions à cette époque, & vu la situation de ce département, renfermer tous les caractères d'une scission civile entre les citoyens. Nous avons pensé & dit publiquement que c'étoit à vous, Messieurs, à déterminer d'une manière précise, comment, & par quels concours d'influences morales, de loix, & de moyens d'exécution, l'exercice de la liberté d'opinions religieuses, doit, sur cet objet, & dans les circonstances actuelles, s'allier au maintien de la tranquillité publique.

On sera surpris sans doute que les prêtres non assermentés, qui demeurent dans leurs anciennes paroisses, ne profitent pas de la liberté que leur donne la loi d'aller dire la messe dans l'église desservie par le nouveau Curé, & ne s'empressent pas, en usant de cette faculté, d'épargner à leurs anciens paroissiens, à des hommes qui leur sont restés attachés, la perte de temps & les embarras de ces courses nombreuses & forcées. Pour expliquer cette conduite en apparence si extraordinaire, il importe de se rappeler qu'une des choses qui ont été le plus fortement recommandées aux prêtres non assermentés par les hommes habiles qui ont dirigé cette grande entreprise de religion, est de s'abstenir de toute communication avec les prêtres qu'ils appèlent *intrus* & *usurpateurs*, de peur que le peuple, qui n'est frappé que des signes sensibles, ne s'habituât enfin à ne voir aucune différence entre des prêtres qui feroient dans la même église l'exercice du même culte.

Malheureusement cette division religieuse a produit une séparation politique entre les citoyens; & cette séparation se fortifie encore par la dénomination attribuée à chacun des deux partis. Le très-petit nombre de personnes qui vont dans l'église des prêtres assermentés s'appellent & sont appelés *patriotes*. Ceux qui vont dans l'église des prêtres non assermentés sont appelés & s'appèlent *aristocrates*. Ainsi, pour ces pauvres habitans des campagnes, l'amour ou la haine de la patrie consiste aujourd'hui, non point à obéir aux loix, à respecter les autorités légitimes, mais à aller ou ne pas aller à la messe du prêtre assermenté. La séduction, l'ignorance & le préjugé ont jeté à cet égard de si profondes racines, que nous avons eu beaucoup de peine à leur faire entendre que la constitution politique de l'Etat n'étoit point la constitution civile du clergé; que la loi ne tyrannisoit point les consciences, que chacun étoit le maître d'aller à la messe qui lui convenoit davantage & vers le prêtre qui avoit le plus sa confiance; qu'ils étoient tous égaux aux yeux de la loi, & qu'elle ne leur imposoit à cet égard d'autre obligation que de vivre en paix & de supporter mutuellement la différence de leurs opinions religieuses. Nous n'avons rien négligé pour effacer de l'esprit & faire disparoître des discours du peuple des campagnes cette absurde dénomination; & nous nous en sommes occupés avec d'autant plus d'activité qu'il nous étoit aisé de calculer, à cette époque, toutes les conséquences d'une telle démarcation dans un département où ces prétendus *aristocrates* forment plus des deux tiers de la population.

Tel est, Messieurs, le résultat des faits qui sont parvenus à notre connoissance dans le département de la Vendée, & des réflexions auxquelles ces faits ont donné lieu.

Nous avons pris sur cet objet toutes les mesures qui étoient en notre pouvoir, soit pour maintenir la tranquillité générale, soit pour prévenir ou pour réprimer les attentats contre l'ordre public. Organes de la loi, nous avons fait par-tout entendre son langage. En même-temps que nous établissions des moyens d'ordre & de sûreté, nous nous occupions à expliquer ou éclaircir devant les corps administratifs, les tribunaux ou les particuliers, les difficultés qui naissoient, soit de l'intelligence des décrets, soit de leur mode d'exécution. Nous avons invité les corps administratifs & les tribunaux à redoubler de vigilance & de zèle dans l'exécution des loix qui protègent la sureté des personnes & la propriété des biens; à user, en un mot, avec la fermeté qui est un de leurs premiers devoirs, de l'autorité que la loi leur a conférée. Nous avons diſtribué une partie de la force publique qui étoit à notre réquiſition dans les lieux où l'on nous annonçoit des périls plus graves ou plus imminens. Nous nous ſommes transportés dans tous ces lieux aux premières annonces de trouble. Nous avons conſtaté l'état des choſes avec plus de calme & de réflexion; & après avoir, ſoit par des paroles de paix & de conſolation, ſoit par la ferme & juſte expreſſion de la loi, calmé ce déſordre momentané des volontés particulières, nous avons cru que la ſeule préſence de la force publique pouvoit ſuffire en ce moment pour prévenir tout attentat contre la liberté individuelle & la tranquilité publique. C'eſt à vous, Meſſieurs, & à vous ſeulement, qu'il appartient de prendre des meſures véritablement efficaces ſur un objet qui, par les rapports où on l'a mis avec la conſtitution de l'Etat, exerce en ce moment ſur cette conſtitution une influence beaucoup plus grande que ne pourroient le faire croire les premières & plus ſimples notions de la raiſon, ſéparée de l'expérience des faits.

Dans toutes nos opérations relatives à la diſtribution de la force publique, nous avons été ſecondés de la manière la plus active par un Officier Général bien connu par ſon patriotiſme & ſes lumières. A peine inſtruit de notre arrivée dans dans le département, M. du Mouriez eſt venu s'aſſocier à nos travaux & concourir avec nous au maintien de la paix publique. Nous allions être totalement dépourvus de troupes de ligne dans un moment où nous avions lieu de croire qu'elles nous étoient plus que jamais néceſſaires; c'eſt au zèle, c'eſt à l'activité de M. du Mouriez que nous avons dû ſur-le-champ un ſecours, qui, vu le retard d'organiſation de la gendarmerie nationale, étoit en quelque ſorte l'unique garant de la tranquilité du pays.

Nous venions, Meſſieurs, de terminer notre miſſion dans le département de la Vendée, lorſque le décret de l'Assemblée Nationale du 8 Août, qui, sur la demande des administrateurs du département des deux Sèvres, nous autorisoit à nous transporter dans le district de Châtillon, nous est parvenu, ainsi qu'au directoire de ce département.

On nous avoit annoncé, à notre arrivée à Fontenay-le-Comte, que ce district étoit dans le même état de trouble religieux que le département de la Vendée. Quelques jours avant la réception de notre décret de commission, plusieurs citoyens électeurs & fonctionnaires publics de ce district vinrent faire au directoire du département des deux Sèvres, une dénonciation par écrit sur les troubles qu'ils disoient exister en différentes paroisses. Ils annoncèrent qu'une insurrection étoit près déclater. Le moyen qui leur paroissoit le plus sûr & le plus prompt, & qu'ils proposèrent avec beaucoup de force, étoit de faire sortir du district, dans trois jours, tous les curés non-assermentés & remplacés & tous les vicaires non-assermentés. Le directoire, après avoir long-temps répugné à adopter une mesure qui lui paroissoit contraire aux principes de l'exacte justice, crut enfin que le caractère public des dénonciateurs suffisoit pour constater & la réalité du mal & la pressante nécessité du remède. Un arrêté fut pris en conséquence le 5 Septembre; & le directoire, en ordonnant à tous ces ecclésiastiques de sortir du district dans trois jours, les invita à se rendre dans le même délai à Niort, chef-lieu du département, *leur assurant qu'ils y trouveroient toute protection & sûreté pour leurs personnes.*

L'arrêté étoit déja imprimé & alloit être mis à exécution, lorsque le directoire reçut une expédition du décret de commission qu'il avoit sollicité. A l'instant il prit un nouvel arrêté par lequel il suspendoit l'exécution du premier, & abandonnoit à notre prudence le soin de le confirmer, modifier, ou supprimer.

Deux administrateurs du directoire furent, par le même arrêté, nommés commissaires pour nous faire part de tout ce qui s'étoit passé, se transporter à Châtillon & y prendre de concert avec nous toutes les mesures que nous croirions nécessaires.

Arrivés à Châtillon nous fîmes rassembler les cinquante-six municipalités dont ce district est composé ; elles furent successivement appelées dans la salle du directoire. Nous consultâmes chacune d'elles sur l'état de sa paroisse. Toutes ces municipalités énonçoient le même vœu ; celles dont les curés avoient été remplacés, nous demandoient le retour de ces prêtres ; celles dont les curés non-assermentés étoient encore en fonctions, nous demandoient de les conserver. Il est encore un autre point sur lequel tous ces habitans des campagnes se réunissoient : c'est la liberté des opinions religieuses, qu'on leur avoit, disoient-ils, accordée, & dont ils desiroient jouir. Le même jour & le jour suivant, les campagnes voisines nous envoyèrent de nombreuses députations de leurs habitans, pour nous réitérer la même prière. Nous ne sollicitons d'autres grace, nous disoient-ils unanimement, que d'avoir des prêtres en qui nous ayions confiance. Plusieurs d'entr'eux attachoient même un si grand prix à cette faveur, qu'ils nous assuroient qu'ils paieroient volontiers, pour l'obtenir, le double de leurs impositions.

La très-grande majorité des fonctionnaires publics ecclésiastiques de ce district n'a pas prêté serment ; & tandis que leurs églises suffisent à peine à l'affluence des citoyens, les églises des prêtres assermentés sont presque désertes. A cet égard l'état de ce district nous a paru le même que celui du département de la Vendée. Là, comme ailleurs, nous avons trouvé la dénomination de *patriote* & d'*aristocrate*, complétement établie parmi le peuple, dans le même sens, & peut-être d'une manière plus générale. La disposition des esprits, en faveur des prêtres non-assermentés, nous a paru encore plus prononcée que dans le département de la Vendée. L'attachement qu'on a pour eux, la confiance qu'on leur a vouée, ont tous les caractères du sentiment le plus vif & le plus profond. Dans quelques-unes de ces paroisses, des prêtres assermentés ou des citoyens attachés à ces prêtres, avoient été exposés à des menaces & à des insultes; &, quoique là, comme ailleurs, ces violences nous aient paru quelquefois exagérées, nous nous sommes assurés (& le simple exposé de la disposition des esprits suffit pour en convaincre) que la plupart des plaintes étoient fondées sur des faits bien constans.

En même-temps que nous recommandions aux juges & aux administrateurs la plus grande vigilance sur cet objet, nous ne négligions rien de ce qui pouvoit inspirer au peuple des idées & des sentimens plus conformes au respect de la loi & aux droits de la liberté individuelle.

Nous devons vous dire, Messieurs, que ces mêmes hommes qu'on nous avoit peints comme des furieux, sourds à toute espèce de raison, nous ont quittés l'ame remplie de paix & de bonheur, lorsque nous leur avons fait entendre qu'il étoit dans les principes de la Constitution nouvelle de respecter la liberté des consciences. Ils étoient pénétrés de repentir & d'affliction pour les fautes que quelques-uns d'entr'eux avoient pu commettre. Ils nous ont promis, avec attendrissement, de suivre les conseils que nous leur donnions, de vivre en paix, malgré la différence de leurs opinions religieuses, & de respecter le fonctionnaire public établi par loi. On les entendoit, en s'en allant, se féliciter de nous avoir vus, se répéter, les uns aux autres, tout ce que nous leur avions dit, & se fortifier mutuellement dans leurs résolutions de paix & de bonne intelligence. Le jour même, on vint nous annoncer que plusieurs de ces habitans des campagnes, de retour chez eux, avoient affiché des placards par lesquels ils déclaroient que chacun d'eux s'engageoit à dénoncer & à faire arrêter la première personne qui nuiroit à une autre, & sur-tout au prêtre assermenté.

Nous devons vous faire remarquer, que, dans ce même district, troublé depuis long-temps par la différence des opinions religieuses, les impositions arriérées de 1789 & de 1790, montant à plus de 700 mille livres, ont été presque entièrement payées; nous en avons acquis la preuve au directoire du district.

Après avoir observé avec soin l'état des esprits & la situation des choses, nous pensâmes que l'arrêté du directoire ne devoit pas être mis à exécution; & les commissaires du département, ainsi que les administrateurs du directoire de Châtillon, furent du même avis.

Mettant à l'écart tous les motifs de détermination que nous pouvions tirer & des choses & des personnes, nous avions examiné si la mesure, adoptée par le directoire, étoit d'abord, juste de sa nature; ensuite, si elle seroit efficace dans l'exécution.

Nous crûmes que des prêtres, qui ont été remplacés, ne peuvent pas être considérés comme étant en état de révolte contre la loi, parce qu'ils continuent à demeurer dans le lieu de leurs anciennes fonctions; sur-tout lorsque, parmi ces prêtres, il en est qui, de notoriété publique, se bornent à vivre en hommes charitables & paisibles, loin de toute discussion publique & privée. Nous crûmes qu'aux yeux de la loi, on ne peut être en état de révolte, qu'en s'y mettant soi-même par des faits précis, certains & constatés; nous crûmes enfin que les actes de provocation contre les lois relatives au clergé, & contre toutes les lois du royaume, doivent, ainsi que tous les autres délits, être punis par les formes légales.

Examinant ensuite l'efficacité de cette mesure, nous vîmes que, si les fidèles n'ont pas de confiance dans le prêtre assermenté, ce n'est pas un moyen de leur en inspirer davantage que d'éloigner de cette manière les prêtres de leur choix. Nous vîmes que, dans des districts où la très-grande majorité des prêtres non-assermentés continuent l'exercice de leurs fonctions, d'après la permission de la loi, jusqu'à l'époque du remplacement, ce ne seroit pas certainement, dans un tel systême de repression, diminuer le mal que d'éloigner un si petit nombre d'individus, lorsqu'on est obligé d'en laisser dans les mêmes lieux un très-grand nombre dont les opinions sont les mêmes.

Voilà, Messieurs, quelques-unes des idées qui ont dirigé notre conduite dans cette circonstance indépendamment de toutes les raisons de localité qui seules auroient pu nous obliger à suivre cette marche. Telle étoit en effet la disposition des esprits que l'exécution de cet arrêté fût infailliblement devenu dans ces lieux le signal d'une guerre civile.

Le directoire du département des deux Sèvres, instruit d'abord par ses commissaires, ensuite par nous, de tout ce que nous avions fait à cet égard, a bien voulu nous offrir l'expression de sa reconnoissance par un arrêté du 19 du mois dernier.

Nous ajouterons, quant à cette mesure d'éloignement des Prêtres assermentés qui ont été remplacés, qu'elle nous a été constamment proposée par la presque unanimité des citoyens du département de la Vendée, qui sont attachés aux Prêtres assermentés; citoyens qui forment eux-êmes, comme vous l'avez déja vu, la plus petite portion des habitans. En vous transmettant ce vœu, nous ne faisons que nous acquitter d'un dépôt qui nous a été confié.

Nous ne vous laisserons pas ignorer non plus, que quelques-uns des prêtres assermentés que nous avons vus, ont été d'un avis contraire; l'un d'eux, (1) dans une lettre qu'il nous a adressée, le 12 septembre, en nous indiquant les mêmes causes des troubles, en nous parlant des désagré-

(1) M. Talleryе, curé de la Chapelle Saint Laurent, district de Châtillon.

mens auxquels eſt chaque jour expoſé, nous obſerve que le ſeul moyen de remédier à tous ces maux eſt (ce ſont ſes expreſſions) de *ménager l'opinion du peuple, dont il faut guérir les préjugés avec le remède de la lenteur & de la prudence. Car*, ajoute-t-il, *il faut prévenir toute guerre, à l'occaſion de la religion dont les plaies ſaignent encore;* .... *il eſt à craindre, que les meſures rigoureuſes, néceſſaires, dans les circonſtances contre les pertubateurs du repos public, ne paroiſſent plutôt une perſécution qu'un châtiment infligé par la loi. Quelle prudence ne faut-il pas employer? La douceur, l'inſtruction ſont les armes de la vérité.*

Tel eſt, Meſſieurs, le réſultat général des détails que nous avons recueillis & des obſervations que nous avons faites dans le cours de la miſſion qui nous a été confiée. La plus douce récompenſe de nos travaux ſeroit de vous avoir facilité les moyens d'établir ſur des baſes ſolides la tranquillité de ces départements, & d'avoir répondu, par l'activité de notre zèle, à la confiance dont nous avons été honorés.

RÉPONSE DE M. LE PRÉSIDENT.

L'Aſſemblée Nationale a entendu avec intérêt l'hiſtoire de vos travaux. Elle n'oubliera rien pour guérir les maux dont vous venez de l'inſtruire. Rétablir l'ordre public eſt le premier de ſes vœux, comme le premier de ſes devoirs.

DE L'IMPRIMERIE NATIONALE.

www.ingramcontent.com/pod-product-compliance
Ingram Content Group UK Ltd.
Pitfield, Milton Keynes, MK11 3LW, UK
UKHW012132240726
13965UKWH00005B/2133

9 782013 046657